203

Compagnie Riant.

CHEMIN DE FER
DE PARIS
A ROUEN ET AU HAVRE,
PAR
LA VALLÉE DE LA SEINE.

PARIS,
IMPRIMERIE DE MOREAU ET BRUNEAU,
RUE MONTMARTRE, 39.
1838.

MÉMOIRE

POUR

LA COMPAGNIE RIANT,

Soumissionnaire du Chemin de fer de Paris à la mer, par la vallée de la Seine.

La compagnie Riant vient de renouveler, à la date du 7 mars 1838, les soumissions précédemment faites pour la concession directe d'un chemin de fer de Paris à Rouen, et au Havre, par la vallée de la Seine. Il est de son devoir d'analyser sommairement les études qu'elle a faites, les titres qu'elle croit avoir à la bienveillance du Gouvernement et des Chambres, et les causes de préférence, qui justifient l'adoption de son tracé.

Depuis quatre années, la compagnie Riant a profité des encouragemens, donnés à l'industrie française par les lois des 27 juin et 7 juillet 1833, pour explorer, à grands frais, l'exécution d'un tracé de chemin de fer, de Paris à Rouen, par la vallée de la Seine, et de Rouen au Havre par Yvetot et Bolbec.

Les ingénieurs du Gouvernement croyaient impraticables l'exécution d'un tracé par la vallée, et la traversée de Rouen, sans discontinuité, et ils adoptaient la ligne des plateaux, pour ne jeter que des *embranchemens* sur Rouen et sur Dieppe.

La compagnie Riant, au contraire, s'était convaincue qu'on pouvait exécuter un tracé par la vallée, et traverser Rouen sans discontinuité, et elle arrivait à Rouen, *non plus par simple embranchement*, mais en considérant Rouen comme centre principal de gravitation du chemin de fer de Paris à la mer.

Les deux tracés, par les plateaux, que l'administration modifia successivement, et qu'elle soumit aux enquêtes en octobre 1835 et en novembre 1836, n'y furent pas heureux. L'épreuve des enquêtes fut, au contraire, favorable, en avril 1836, au tracé de la compagnie Riant, qui, après de longs débats, a eu l'assentiment de huit Commissions d'enquêtes sur douze, de seize Chambres de commerce, ou consultatives, sur dix-neuf, et de huit Conseils municipaux, qui ont été unanimes.

Il est demeuré constant, que le chemin de Paris à Rouen est praticable par la vallée : les plans et tous les nivellemens, déposés par la compagnie Riant à l'administration générale des ponts-et-chaussées, n'ont plus laissé aucun doute à cet égard, et n'ont pas même été contredits.

Le plan en relief, déposé dans un des salons de la Chambre des députés, a aussi prouvé que la ville de Rouen peut être traversée sans discontinuité, et la Compagnie provoque, à cet égard, la discussion, contradictoire, la plus solennelle, en présence des hommes de l'art.

Sur le tout, nous avons pour témoignage, d'abord les lois présentées les 8 mai et 3 juin 1837, qui soumettent à l'adjudication le double tracé des plateaux et de la vallée, en laissant à l'adjudicataire l'option facultative sur celui des deux qu'il préférerait; ensuite, le contrôle qui en a été fait dans la commission de la Chambre de 1837; enfin le savant rapport, adressé à la Chambre par cette même commission, le 13 juin 1837.

Ainsi, la compagnie Riant a fait, pendant quatre années, des études graves, sérieuses et continues; elle a, au milieu de difficultés, qu'il est plus facile de comprendre que de décrire, poursuivi, avec énergie et persévérance, une lutte d'intérêt public, éminemment nationale. Si jamais le tracé par les plateaux devait s'exécuter, ce serait elle qui en aurait successivement provoqué les rectifications; une première fois, par un mémoire publié le 1er février 1836; une seconde, par une discussion imprimée le 30 janvier 1837. Mais si au contraire la supériorité, démontrée, du tracé de la vallée en déterminait l'adoption, ce serait la compagnie qui, seule, aurait conquis ce tracé au profit des populations, en appelant de la décision prise par l'administration des ponts-et-chaussées au jugement d'une opinion plus méditée, et mieux approfondie.

Ce n'était pas assez pour la compagnie Riant d'avoir résolu des difficultés, qu'on croyait jusque-là insolubles : il fallait aboutir à un résultat plus productif dans son propre intérêt, comme dans celui des populations : il fallait soumissionner l'exécution du tracé par la vallée.

La Compagnie n'a négligé aucune démarche auprès de l'autorité, dans cet intérêt : le 10 avril 1837, elle adressa à M. le directeur-général des ponts-et-chaussées un cahier des charges et conditions, moyennant lesquelles elle était disposée à soumissionner, *sans subvention*, le chemin de fer par la vallée. La Compagnie ne peut pas être accusée, si ce cahier de charges n'a eu aucun résultat, parce que, malgré ses démarches, elle n'a été mise à même ni de le discuter, ni d'en modifier les conditions qui n'auraient pas convenu à l'autorité.

Le Gouvernement présenta à la session dernière deux projets de loi, l'un du 8 mai 1837, qui mettait en adjudication le chemin de fer de Paris à Rouen par le double tracé, avec une subvention de 7 millions; l'autre du 3 juin 1837, qui mettait en adjudication toute la ligne du chemin de fer jusqu'au Havre et à Dieppe, avec une subvention de dix millions.

Dans l'intervalle, et à la date du 18 mai, la compagnie Riant avait adressé au ministre une soumission, pour l'exécution du tracé par la vallée, en acceptant toutes les conditions du cahier des charges, annexé au premier projet de loi, à la seule exception de la subvention de sept millions, à laquelle la compagnie avait déclaré renoncer.

La commission repoussa la subvention, dans son rapport du 13 juin, et le projet de loi n'eut d'ailleurs aucune suite : la Chambre fut dissoute.

Une commission supérieure fut nommée, pour donner son avis sur les hautes questions d'économie politique, et d'intérêt général, que peut soulever l'introduction des chemins de fer en France, et bientôt les organes de la presse firent connaître le produit des méditations profondes, auxquelles elle s'était livrée, telles qu'on devait les attendre de l'expérience, et du savoir, des hommes éminens qui la composaient.

Cette commission se préoccupa, notamment, de la moralité et de la capacité, qu'on devait désirer dans les hommes, qui seraient chargés de l'exécution des chemins; des dispositions que l'intérêt public pouvait commander, pour comprimer l'agiotage des actions; des dangers à craindre par suite d'une hausse imprévue, et démesurée, dans le prix des fers; de la classification qu'on lui avait soumise sur les chemins de fer qui pourraient être déclarés politiques ou commerciaux, et elle rangea dans la classe commerciale la ligne de Paris au Havre.

La compagnie Riant n'était pas restée en retard sur toutes ces questions; elle avait aussi exploré avec maturité toutes les mesures de prudence, que pouvait provoquer une aussi grande entreprise, dans l'intérêt d'une bonne et prompte exécution; et, à la date du 9 décembre 1837, elle écrivit à M. le Ministre du commerce, pour lui rappeler les études sérieuses qu'elle avait faites, les combinaisons qu'elle avait adoptées pour le fonds social et sa souscription, les dispositions qu'elle proposait pour arrêter l'agiotage sur les actions, les traités qu'elle avait préparés, pour empêcher toute surexcitation dans la hausse des fers, en n'appelant, cependant, le secours d'aucuns fers étrangers; enfin, toutes les mesures de prévoyance, qu'elle avait méditées sur les diverses parties de son entreprise.

Un moyen tout naturel s'était présenté à la Compagnie d'éviter l'agiotage, et d'interroger en même temps le crédit public. C'était, d'abord, d'offrir aux souscripteurs toutes les actions *au pair*, et sans aucune préférence; c'était, ensuite, d'exiger des souscripteurs des versemens, préalables à toute concession, et qui fussent de nature à garantir le caractère sérieux des souscriptions.

La compagnie Riant pensa que la Caisse des dépôts et consignations de Paris pouvait, à raison de son organisation, et de son action constante sur la prospérité des intérêts publics, devenir le centre, et, en quelque sorte, le mécanisme de la double sécurité, que la Compagnie voulait offrir au public, et au gouvernement. Le bienveillant accueil qu'elle reçut de M. le directeur de cette Caisse, lui avait donné l'espérance d'un succès, qui eût peut-être jeté des germes productifs pour des dispositions ultérieures d'intérêt général. Toutefois, la Compagnie fut frappée d'impuissance, pour réaliser ce projet, qui l'avait séduite, mais qui ne pouvait s'exécuter sans l'agrément préalable de l'autorité supérieure.

Elle a dû s'adresser à une maison de banque, constituée de manière à offrir aux souscripteurs, jusqu'à la concession, les conditions et la garantie qu'elle avait sollicitées de la Caisse des dépôts et consignations;

et en quelques semaines, la souscription, livrée au pair, a dépassé 68 millions, répartis entre quatre mille souscripteurs, et dont le dixième a été réalisé immédiatement dans la caisse du consignataire. Le complément des 81 millions serait aujourd'hui souscrit, et réalisé de la même manière, si la Compagnie n'avait pas cru devoir, par un excès de prudence, dont on comprendra la mesure et la sagesse, suspendre la souscription, pour en reprendre le cours, et la compléter, *toujours au pair*, aussitôt après la loi de concession.

La compagnie Riant offre donc à l'autorité des études sérieuses, et tellement approfondies, qu'elle serait en mesure d'exécuter immédiatement les travaux. Ces études ont eu l'approbation, presque unanime, des autorités spécialement interrogées dans les termes de la loi. Les populations s'émeuvent en faveur du tracé de la Compagnie, dont le mérite principal est, évidemment, de satisfaire leurs plus grands intérêts. Si l'on fait un appel au crédit public, il est suivi d'un empressement, et d'une acclamation, presque sans exemple. La Compagnie a son capital; elle ne demande, et n'a jamais demandé de subvention; elle a déterminé la suppression des subventions, que le Gouvernement avait offertes, soit dans le projet de loi du 8 mai 1837, soit dans celui du 3 juin suivant. Elle a donné le premier exemple d'une entreprise considérable, offerte au public au pair, sans prime, sans impôt prélevé sur ce public : elle a combiné tous les moyens nécessaires pour obtenir à l'intérieur la fabrication de ses fers, sans recourir aux produits étrangers, et sans cependant porter aucune perturbation sur les marchés français; elle a, pendant quatre années consécutives, exploré, par des contrôles successifs, les devis de fabrication et de tous les travaux accessoires, les moyens de manipuler la terre et les remblais, à l'aide de machines, et sans une trop grande agglomération d'ouvriers; elle a interrogé, dans les industries étrangères, toutes les connaissances acquises pour la manipulation et la conservation des marchandises; elle a, auprès de toutes les autorités compétentes, constaté le mouvement des produits, tant en voyageurs, qu'en marchandises; elle a, il faut le dire, par ses travaux, et la publicité qui en a été la conséquence, fait avancer la discussion théorique des chemins de fer, la pratique de l'esprit d'association, et l'exploration du crédit public; seule, enfin, elle a fait à grands frais, sur la ligne de Rouen et du Havre, et dans la vallée de la Seine, des études qui, long-temps mises en doute, et long-temps contestées, ont mérité, en définitive, l'approbation générale.

Tant d'efforts seront-ils stériles, non-seulement dans l'intérêt de la Compagnie, qui les a poursuivis avec tant de persévérance, mais aussi dans l'intérêt des populations, si commerçantes, de la vallée? Le seront-ils, dans l'intérêt de l'encouragement, si désirable, pour les élans de l'industrie française?

Contre cette espérance, deux objections se présentent.

La première, tirée de l'exécution, par le Gouvernement, de toutes les grandes lignes de chemin de fer.

La seconde, tirée de la préférence que le Gouvernement donne à la ligne des plateaux, sur le tracé de la vallée.

Nous ne nous permettrons pas de résoudre la première question avec nos faibles lumières. Elle est entièrement du domaine du législateur ; et quelle que puisse être notre opinion personnelle à cet égard, cette haute question de principes ne doit pas entrer dans le cadre que nous nous sommes imposé.

La seconde question a été, depuis près de trois années, l'objet de la controverse la plus active, soit dans les écrits publiés par la Compagnie, soit dans les écrits publiés par les villes intéressées. Il est facile de comprendre d'ailleurs toutes les influences, qui ont dû agir sur les diverses populations, à raison de leur intérêt rival, et tout ce qu'elles ont dû apporter d'activité et d'énergie pour défendre ces rivalités. Il est facile d'en juger encore par la réunion de toutes les députations, que chaque ville a envoyées auprès des Chambres, par les délibérations instantanées, qu'ont prises et publiées les divers conseils municipaux, et les Chambres de commerce, par les pétitions, et par les mémoires, presque tous contradictoires, qui sont distribués à l'autorité, et que nous avons en ce moment sous les yeux.

Toutefois, au milieu de ce conflit d'intérêts, qui se débattent et s'entre-choquent, nous apercevons dans les pétitions et les délibérations un concours remarquable des villes de Rouen, du Havre et de Dieppe, mais seulement sur un seul point. C'est-à-dire que toutes, sans exception, se plaignent de l'état du tracé, tel qu'il est fixé par le projet de loi.

Ainsi, le conseil municipal de Dieppe se plaint, dans une délibération du 27 février dernier, de ce que la ligne des plateaux s'arrête à Charleval, pour descendre par la vallée de l'Andelle à Rouen, et *pour ne plus en sortir.*

Le conseil municipal, la chambre du commerce, et les habitans du Havre, accusent le Gouvernement, par une pétition du mois de mars 1838, de ne point vouloir prolonger le chemin vers le Havre; car, dit la pétition :

« *Si l'intention du Gouvernement était de prolonger le chemin vers le*
» *Havre, à partir de Charleval, on ne descendrait plus une seconde fois*
» *vers Rouen, par la vallée de Robec;* CE SERAIT UN DOUBLE EMPLOI, etc., etc. »

Enfin les habitans de Rouen, qui du reste sont en discord, comme la chambre de commerce, avec le conseil municipal de la même ville, se plaignent amèrement de ce que Rouen n'est plus, relativement au chemin de fer proposé, qu'une impasse, qui rompt tout à la fois les rapports de famille, d'intérêt, et de commerce, existants entre Rouen et toutes les populations environnantes.

Il faut dire encore que le conseil municipal de Rouen est en désaccord avec lui-même, et avec la délibération énergique, qu'il avait prise d'office, sur la provocation et sous la présidence de M. Barbet, maire et député de Rouen, le 24 octobre 1836.

Pour nous, qui n'avons aucun intérêt de rivalité contre aucune des populations, qui voulons les servir toutes, en servant l'intérêt public, nécessairement combiné avec notre intérêt personnel, nous nous sommes demandé, après avoir étudié aussi la ligne des plateaux, que nous avons abandonnée, quelles étaient les véritables conditions, pour la préférence d'un tracé de chemin de fer, de Paris à Rouen et au Havre, avec un embranchement futur sur Dieppe. La première réponse que nous avons faite à cette question, c'est qu'il ne suffisait pas, pour le succès d'un chemin de fer, d'aller directement, et par le chemin le plus court, de Paris à la mer, ou en d'autres termes, de faire un chemin allant de Paris à Dieppe, comme but principal, et comme extrémité prédominante.

Nous avons pensé qu'il fallait choisir comme extrémités principales, PARIS ET LE HAVRE, et comme centre de gravitation, indispensable, la ville de ROUEN.

C'est là qu'est toute la question.

Faut-il vivifier Rouen, Paris, le Havre, et toutes les populations intermédiaires, avec un avantage moins prononcé pour Dieppe, et alors notre tracé sera adopté.

Faut-il, au contraire, vivifier la ville de Dieppe, mais avec un préjudice immense pour les villes de Paris, de Rouen et du Havre, et pour toutes les populations intermédiaires, et alors notre système sera repoussé.

Mais peut-il exister un doute, sérieux, sur une option de cette nature? Peut-on sérieusement discuter, sur la question de savoir, si ce sera la ligne de Rouen qui sera un embranchement, par rapport à Dieppe, ou la ligne de Dieppe qui sera un embranchement, par rapport à la ville de Rouen?

N'aperçoit-on pas, au premier coup d'œil, qu'en nous plaçant dans le centre de la vallée, pour aboutir par une seule ligne, homogène, et sans discontinuité, à Rouen, au Havre, à Louviers, à Elbeuf, et dans toutes les villes placées sur les affluens de la vallée, nous touchons, à chaque pas, des artères vivantes de l'industrie, qui seront vivifiées par le chemin, et qui lui rendront, en compensation, la réaction successive, qui lui est à lui-même indispensable pour vivre;

Qu'il existe, dans ce parcours, une population presqu'à part, dont les mœurs, les habitudes et l'activité industrielle sont *séculaires*, qu'il faut grouper et rapprocher, autant que possible, plutôt que de les diviser, auxquelles le chemin de fer donnera un nouvel aliment, quand elles existent, et que le chemin de fer ne créerait évidemment pas, si elles n'avaient pas d'existence;

Qu'en nous plaçant dans la vallée, nous ouvrons des portes faciles à des embranchemens latéraux, disposés pour atteindre des villes manufacturières et des industries, presque toujours agglomérées sur les affluens;

Qu'en nous fixant dans la vallée, non-seulement nous maintenons les circulations réciproques du commerce et des usines, tel que le tout existe aujourd'hui, entre les vallées de l'Oise, de l'Epte, de l'Andelle, de l'Eure, etc., mais encore nous plongeons, du côté d'Evreux, vers les départemens de la basse Normandie, et nous appelons au centre tous les produits de ces contrées, qui réunissent, à la fois, le triple intérêt de l'agriculture, du commerce et de l'industrie.

Telle a été l'idée-mère du tracé que nous avons choisi. Nous avons cru, et nous croyons encore, qu'il ne suffit pas, pour faire vivre une entreprise de chemin de fer, qu'elle ait seulement, aux deux extrémités de son parcours, des masses actives de populations et d'industrie;

Que comme le chemin entraine, à chaque pas, des dépenses considérables, et sans cesse renaissantes, il faut qu'il trouve dans toutes les parties intermédiaires des produits de compensation;

Que, d'un autre côté, les chemins qui ne peuvent servir que les extrémités, les enrichissent au préjudice des *centres*, qui ne sont pas organisés pour en tirer profit;

Qu'il faut prévoir, pour une entreprise de longue durée, les accidens de guerre, aussi bien que l'état de paix;

Qu'un chemin de fer, qui tirerait toute sa vie des produits exotiques, serait menacé dans son existence, en cas de guerre, s'il était privé de la plus grande masse des produits intérieurs.

Si ces points de départ sont exacts, il ne nous reste plus, pour les appliquer, qu'à comparer le tracé des plateaux et celui de la vallée, sous le triple rapport des travaux d'art, des produits, et des populations.

1° TRAVAUX D'ART.

Le tracé de la vallée de la Seine ne présente qu'une seule ligne, depuis Paris jusqu'au Havre, en traversant Rouen sans discontinuité, et communique aux deux villes de Louviers et d'Elbœuf par de courts embranchemens.

Il donne à la ville de Rouen deux points de départ et d'arrivée sur la rive gauche de la Seine; l'un au PONT DE PIERRE, l'autre à SAINT-SEVER, pour les marchandises.

En amont du pont neuf, il traverse la Seine, passe sous le cap Sainte-Catherine, contourne Rouen, en y faisant trois stations pour les voyageurs, gagne les vallées de Deville et de Maronne, puis Yvetot et Bolbec, et arrive au Havre.

Par cette ligne, toutes les villes au-dessus et au-dessous de Rouen sont desservies réciproquement, directement, sans détours et sans interruption. Rien de plus simple, de plus court, de plus naturel ; mais, pour arriver à une solution aussi heureuse, il fallait se placer dans la vallée, et traverser Rouen sans discontinuité : les ingénieurs de la compagnie Riant ont vaincu cette difficulté.

Le tracé des plateaux est loin de réunir ces avantages.

Dans les projets soumis aux enquêtes, il se maintenait constamment sur les plateaux, jusqu'à Rouen, où il n'arrivait que par un plan incliné, ayant 57 mètres d'élévation au-dessus des quais de Rouen.

Le tracé actuel aboutit à Rouen, en descendant de Charleval, par la vallée de l'Andelle, à l'aide d'une ligne qui, du reste, n'a pas subi la formalité des enquêtes; mais on va voir qu'il se ressent de tous les inconvéniens de son origine, et de l'élévation du plateau sur lequel il est fixé. On va voir que toutes les conséquences, qu'on a espéré en déduire, sont insuffisantes et fâcheuses pour les villes de Rouen, du Havre et de Dieppe, comme pour les embranchemens de Louviers, d'Elbeuf et d'Evreux.

Pour le Havre et pour Dieppe, nous n'avons besoin d'autres preuves que les plaintes émanées de chacune de ces villes, et les réclamations, adressées aux Chambres par les autorités administratives ou commerciales, ou par les populations.

A l'égard de Rouen, est-ce bien servir ses intérêts que d'en faire une sorte d'impasse, qui n'aura de communication facile et directe qu'avec Paris, Louviers et Elbeuf, mais qui aura solution de continuité, pour le parcours vers les villes de Dieppe, d'Yvetot, de Bolbec et du Havre?

Quant aux villes de Louviers et Elbeuf, elles pourront bien aussi, par le nouvel embranchement, communiquer avec Paris et Rouen; mais leurs communications avec le Havre, Yvetot, Bolbec et Dieppe, se trouveront coupées par le défaut de continuité du chemin, qui arrive à Saint-Sever.

A l'égard d'Evreux, le projet de loi ne propose pas d'y aboutir, et ce serait impraticable, à cause de la distance qui sépare cette ville de Charleval.

Comment, d'ailleurs, le projet de l'administration arrive-t-il à des résultats si incomplets? C'est en faisant un double emploi d'embranchemens, qui, en augmentant les lignes de communication, doublera aussi les dépenses d'exécution.

En effet, le projet de loi propose aujourd'hui un embranchement qui, partant de la ligne des plateaux, à Charleval, descendrait la vallée de l'Andelle, traverserait la Seine à Oissel, en jetant deux embranchemens, l'un sur Louviers, l'autre sur Elbœuf, et aboutirait à Rouen, par la rive gauche de la Seine, au faubourg Saint-Sever, en aval des ponts de cette ville, pour y former solution de continuité.

L'exposé des motifs du projet va même plus loin : il suppose l'exécution, par la rive droite de la Seine, depuis Tourville jusqu'au cap Sainte-Catherine, et au Boulingrin, d'une autre ligne qui serait parallèle à la première, et qui ne présente, par cela même, aucune chance d'exécution : on ne la fera donc pas entrer dans le calcul de comparaison.

Mais on doit faire entrer dans ce calcul la ligne qui devra un jour être reprise à Charleval, sur les plateaux, pour se continuer jusqu'au Havre et jusqu'à Dieppe. Cette ligne, d'après le tracé de l'administration, passera nécessairement à Blainville, suivra la vallée de la Robec, contournera les hauteurs de Rouen, en se tenant à 57 mètres au-dessus des quais, et à 900 mètres de distance du port. Or, voilà un double emploi évident, qui, en doublant la dépense, aura encore l'inconvénient de rompre la continuité du parcours, de rendre les services plus longs et plus difficiles, d'isoler Rouen des villes du Havre et de Dieppe, comme ces deux dernières villes pourraient peut-être le désirer, contrairement à leurs légitimes intérêts, s'ils étaient sainement entendus ; mais, dans tous les cas, contrairement aux intérêts généraux du pays. Et, lorsqu'on sait que ce double emploi augmentera la ligne principale de 35,000 mètres de longueur, et de 12 millions de dépenses, on conçoit les inquiétudes manifestées par le conseil municipal du Havre, qui redoute l'inexécution du prolongement vers le Havre, à raison de l'énormité des dépenses qu'entraînerait ce double emploi.

Il importe encore de faire remarquer que le double tracé des deux lignes, qui conduisent de Charleval à Rouen, l'une par Blainville et la vallée de la Robec, l'autre par la vallée de l'Andelle, est une conséquence forcée de la direction par les plateaux.

En effet, c'est parce que le chemin se trouve élevé d'avance, et sans utilité, à une grande hauteur, sur les plateaux, qu'il devenait impossible de descendre dans la vallée de Rouen, et de remonter ensuite par une contre-pente de 57 mètres, sans dépasser de beaucoup la pente de 3 millimètres et demi, qui était présentée comme l'avantage principal de ce projet. C'est parce qu'on a voulu maintenir cette pente, comme *maximum*, qu'on a été obligé de faire passer le chemin du Havre à une hauteur démesurée au-dessus de Rouen; qu'on a été entraîné à sacrifier presqu'entièrement les villes de Louviers et d'Elbœuf, et à faire le double emploi d'un embranchement spécial, qui dessert aussi mal la ville de Rouen. C'est enfin par le même motif que les embranchemens sur Louviers et sur Elbœuf seront beaucoup plus dispendieux, pour la construction, parce qu'ils seront beaucoup plus longs; qu'ils seront encore beaucoup plus dispendieux, pour la locomotion, parce que les frais de locomotion se multiplient à raison des distances, et se renouvellent à chaque convoi.

Voici, du reste, l'excédant des dépenses que le tracé des plateaux, comparé avec le projet de la vallée, entraînerait dans l'exécution. Il se compose :

1° Pour le trajet de Paris à Rouen (comme on l'a établi dans le Mémoire du 30 janvier 1837), d'une somme de.	3,586,360 fr.
2° Pour le trajet de Rouen au Havre (idem), de. . .	3,425,000
3° Pour la valeur des 35,000 mètres de plus, nécessités par le nouvel embranchement, descendant de Charleval jusqu'à Rouen, y compris les quatre grands ponts nécessités par cet embranchement.	12,000,000
Total	19,011,360 fr.

Ce sont là des résultats inévitables, sur lesquels, en cas de contestation, nous sollicitons la discussion contradictoire la plus sévère.

2° PRODUITS ET POPULATIONS.

Les produits, comme on sait, se divisent en voyageurs et en marchandises, et les voyageurs y tiennent la plus grande place. La Compagnie, pour mieux étudier ces produits, ne s'est attachée qu'aux circulations, actuellement existantes : elle ne s'est pas bornée à consulter les statistiques, imprimées jusqu'à ce jour; elle les a fait constater, sur toute la ligne de Paris à Rouen, dans les deux directions, par toutes les autorités locales, administratives ou commerciales, et voici les résultats authentiques qu'elle en a obtenus :

	VOYAGEURS.	MARCHANDISES par tonneaux.
Pour le tracé de la vallée, il existe une masse de circulation de	221,040	243,225
Pour le tracé des plateaux, il existe. .	57,179	74,625
D'où résulte, pour le tracé de la vallée, un avantage de.	163,861	168,600

C'est-à-dire, pour les deux branches de transports réunies, un avantage de 50 p. 100.

A l'égard des populations, la masse de celles qui sont traversées par le tracé de la vallée, s'élève à. 225,947

Tandis que la masse de celles qui sont traversées par le tracé des plateaux, n'est que de 158,096

Différence, à notre avantage. 67,851

C'est-à-dire, plus de 30 p. 100.

Mais il est aussi à remarquer que sur les 158,096 habitans, portés au compte des plateaux, les neuf dixièmes sont livrés à l'agriculture, et ne retireront pas plus de profit d'un chemin de fer, qu'ils ne lui en apporteront à lui-même; tandis que, sur la ligne de la vallée, l'industrie manufacturière occupe les deux tiers d'une population, continuellement en mouvement, qui escompte la vie commerciale, par la célérité des communications, par le renouvellement successif, et plus rapproché, des relations industrielles.

Non-seulement on doit croire que les pays agricoles désirent peu les chemins de fer, mais qu'ils peuvent même les redouter. Ils doivent peu les désirer, parce que les besoins de leur exploitation exigent peu de célérité, et ne les portent le plus ordinairement que du manoir de la ferme au marché le plus voisin. Ils peuvent les redouter, parce que les attelages de la campagne, à peine employés, pendant une moitié de l'année, aux travaux de l'agriculture, le sont pendant l'autre moitié à des charrois, et devront craindre la concurrence d'un chemin de fer pour ces charrois.

Pourquoi donnerait-on, à grands frais, une ligne de chemin de fer à des populations agricoles, qui n'en ont pas besoin, qui ne la demandent pas, et qui la craignent, pour la refuser à des populations industrielles, qui y voient le moyen le plus actif de décupler leur vie commerciale, qui s'émeuvent et s'agitent, auprès du Gouvernement et des Chambres, avec une activité qui révèle assez la puissance de leurs intérêts?

Existe-t-il des motifs assez élevés, des considérations d'un ordre supérieur assez absolues, pour qu'on doive, dans l'intérêt du pays, leur sacrifier des masses industrielles, aussi vivaces, et aussi palpitantes d'intérêt commercial? Ceci nous mène à aborder rapidement les objections qui sont consignées dans le projet de loi.

1° *Il y aura*, dit-on, *une économie importante dans la communauté du chemin de fer de Paris à Pontoise, comme formant la tête de ligne des chemins du Havre et de Belgique.*

Cette économie n'est que fictive, d'abord, parce que le tracé par les plateaux entraîne, comme on vient de le voir, l'exécution en double emploi, depuis Charleval jusqu'à Rouen, de 35,000 mètres de chemin de fer, qui compensent, et au-delà, les 32,000 mètres de Paris jusqu'à Pontoise;

Ensuite, parce qu'avec un peu de réflexion on sera convaincu qu'il est impossible de desservir, au moyen d'une seule ligne, en faisant aboutir au même point, à Paris, toutes les communications venant du nord, et du Havre, soit en voyageurs, qui doivent marcher plus vite que les marchandises, soit en marchandises, qui doivent aller plus lentement que les voyageurs; avec des départs dirigés par des administrations différentes, que mille événemens, prévus ou imprévus, peuvent retarder ou accélérer; dont la marche peut être successivement graduée, et multipliée, par l'accumulation et les progrès des transports; parce que la sûreté publique commandera nécessairement, surtout à l'approche de Paris, l'exécution de quatre ou six voies, qui détruiront immédiatement le plan proposé de cette économie illusoire, et ne compenseront en rien l'excédant de longueur de 35,000 mètres, et le surcroît de dépenses de 19 millions.

La Commission de la Chambre, de 1837, avait été bien frappée de ces vérités, lorsqu'elle avait introduit un amendement, qui exigeait, même pour la seule ligne de Paris à Rouen, deux entrées dans Paris bien distinctes, l'une pour les voyageurs, l'autre pour les marchandises.

Enfin, il y a une réponse, non moins décisive, et qui repose sur la connaissance pratique des chemins de fer. Tout le monde sait aujourd'hui que la dépense annuelle d'entretien et de locomotion, s'élève, généralement, au double de l'intérêt du capital de construction.

Or, a-t-on bien réfléchi à l'inconvénient qu'il y aurait à diviser, entre deux grandes lignes de parcours, le produit de la partie la plus productive, qui serait rendue commune à ces deux lignes, lorsque chacune d'elles devrait, pour le succès de son exploitation, conserver ce produit tout entier? Ou le produit serait divisé, et chacune des deux lignes aurait à souffrir de la division; ou le produit serait appliqué exclusivement à la ligne du nord, et il ne resterait plus, pour la ligne des plateaux, que la partie la plus stérile des transports, et tellement stérile, que personne n'en devrait entreprendre l'exécution, ni le Gouvernement, dans l'intérêt des contribuables, ni les particuliers, dans l'intérêt des Compagnies.

N'est-il pas mille fois préférable de laisser à la ligne du nord l'intégrité de ses produits par Pontoise, et de porter vers la vallée une ligne, vivement réclamée par ses habitans, qui lui rendront, en échange, des produits de compensation, bien supérieurs à l'intérêt de la dépense de construction? Les constructeurs des chemins de fer y gagneront, puisqu'ils auront, sur chaque ligne, la juste rétribution de leurs avances. Le public y gagnera bien davantage, puisqu'il jouira d'un double tracé, aboutissant à des populations avides de communications.

2° *On invoque la facilité que le chemin des plateaux donnerait à une communication directe entre le Havre et Lille, par une liaison des deux lignes, à Pontoise.*

L'expérience a démontré que les communications directes, de Lille au Havre, sont bien rares, surtout en voyageurs, sans que Paris serve de point d'arrêt, comme centre de toutes les affaires, et de toutes les directions.

D'ailleurs, le tracé de la vallée procure le même avantage, au moyen d'un embranchement sur Pontoise, compris dans les études de la Compagnie, et qui prend naissance dans la forêt de Saint-Germain, au-delà de Maisons.

3° *On a parlé d'un transit vers Strasbourg, le midi de l'Allemagne, et la Suisse.*

Il suffit d'examiner la carte de France, et de calculer toutes les distances, pour être convaincu que, lorsqu'un chemin de fer sera établi de Paris à Strasbourg, il supportera avec avantage, pour le transit des marchandises qui débarqueront au Havre, la concurrence que pourraient lui présenter le port d'Anvers, et le chemin de fer d'Anvers à Cologne. Si l'on avait besoin de traiter cette question, il serait facile de prouver qu'avec des distances égales, et même plus longues, avec la nécessité de remonter le Rhin, depuis Cologne jusqu'à Strasbourg, avec l'obligation de traverser plusieurs États et d'en franchir les douanes, le port d'Anvers (tout puissant, dans la concurrence, pour les arrivages en Belgique) sera toujours impuissant contre la concurrence du port du Havre, lorsqu'un chemin de fer pourrra transiter les marchandises, depuis le Havre jusqu'à la Suisse, le midi de l'Allemagne, la ville de Strasbourg, et même celle de Mayence, par la descente du Rhin. Mais il est certain, dès à présent, que, dans toute hypothèse, Paris sera nécessairement le centre intermédiaire de ce transit, entre le Havre et l'Allemagne, et que dès lors, le tracé des plateaux ne peut avoir, à ce sujet, aucune supériorité sur le tracé de la vallée. Non-seulement Paris sera l'intermédiaire obligé de ce transit, avec l'Allemagne; mais tous les amis sincères de notre pays doivent désirer que ce transit s'établisse par un port français, et qu'on donne la priorité à la ligne du chemin de fer de Paris au Havre, pour maintenir la destination actuelle des relations maritimes, dans l'intérêt de la capitale et de toute la France.

4° *On a signalé, contre le tracé de la vallée, cinq ponts à construire sur la Seine.*

Mais, dans le nouveau système du chemin des plateaux, il en a quatre sur la Seine, il en a un de plus sur l'Oise, et il en a deux sur des affluens plus larges et plus élevés que ceux de la rive gauche, c'est-à-dire sur l'Epte et l'Andelle.

5° *On oppose le concours de la navigation de la Seine.*

Il suffit de prendre connaissance des faits matériels, consignés (page 21 et suivantes) dans le Mémoire, qui vient d'être rédigé par le Conseil municipal, et la Chambre de commerce du Havre, pour être bien convaincu que, depuis Rouen jusqu'au Havre, et surtout depuis Paris jusqu'à Rouen, la navigation de la Seine est loin de satisfaire aux besoins du commerce, et ne pourra, sous aucun rapport, ni pour les voyageurs, ni même pour les marchandises les plus précieuses, soutenir la concurrence latérale du chemin de fer.

Mais il est une réflexion, plus décisive encore, c'est que le fleuve et le chemin de fer, loin de se nuire, se prêteront au contraire un mutuel secours. L'expérience a démontré, soit en France, soit à l'étranger, que les canaux, voisins des chemins de fer, ont été vivifiés par les chemins de fer de Saint-Étienne, en France, et par celui de Manchester à Liverpool, en Angleterre.

N'est-il pas évident, aussi, qu'un chemin de fer, qui vient développer toutes les branches d'industrie, accroît en même temps tous les transports de la navigation qui lui appartiennent exclusivement, tels que les matériaux de constructions, destinés soit au chemin de fer lui-même, soit aux usines environnantes, les marchandises encombrantes, qui seront peu appropriées à la circulation des chemins de fer, tous les produits intermédiaires, soit de la vallée principale, soit des vallées affluentes, qui emprunteront nécessairement la voie fluviale, pour aboutir au chemin de fer?

Enfin, toutes les industries sont principalement fixées sur le cours des fleuves et rivières, et ce sont elles qui appellent le chemin de fer, comme le chemin de fer appelle et propage leur développement.

6° *Mais*, dit-on, *pourquoi doter d'un nouvel avantage les vallées, déjà favorisées par tous les bienfaits de la nature? N'est-il pas plus juste de répartir* ces *bienfaits sur les populations qui en sont déshéritées? En d'autres termes, ne vaut-il pas mieux porter la vie, là où elle n'est pas?*

Cette idée philanthropique pourrait avoir quelque succès dans une thèse d'économie morale et abstraite; mais elle est sans vérité dans l'application des principes commerciaux, et des intérêts matériels qui nous occupent.

Avons-nous besoin de redire, d'abord, que ce bienfait, supposé, pour les habitans des plateaux, ces habitans eux-mêmes ne le réclament pas, et craignent plutôt un préjudice qu'une amélioration dans leur sort, par suite des chemins de fer?

En second lieu, pour donner aux habitans des plateaux une réparation plus que douteuse, ne commettrait-on pas une injustice criante envers ceux qui, aux bienfaits de la nature, chèrement payés par eux, lorsqu'ils se sont établis dans la vallée, ont ajouté des dépenses considérables, le fruit de longues années de travaux et d'économie, des usines et des industries dont ils devaient attendre naturellement la protection, toutes les fois qu'il s'introduirait des améliorations industrielles? Ce serait évidemment une mauvaise justice, distributive, que de faire à ces populations un préjudice actuel, certain et positif, sous le prétexte d'attribuer à une population voisine une amélioration douteuse, et plus qu'éventuelle.

Nous disons, *plus qu'éventuelle*, parce qu'en effet un chemin de fer peut bien vivifier, doubler, ou décupler des industries existantes: mais il n'a pas le don de créer des industries qui n'existent pas, de créer des mœurs et des habitudes, qui n'auraient pas de germe antérieur. Il n'y a rien de plus stationnaire que les mœurs d'un peuple, dont le temps seul peut modifier la marche, les progrès et les améliorations insensibles.

Un homme naît artisan, fileur de laine, tisserand, mécanicien, ouvrier enfin dans une industrie déterminée, parce que son père et ses aïeux avaient la même profession. Voilà ce qu'un chemin de fer ne peut pas suppléer, pas plus qu'on ne peut introduire sur les plateaux des rivières navigables ou flottables : et, si jamais un chemin de fer pouvait ajouter à la puissance du temps, pour aider à la création d'industries qui n'existeraient pas, l'entreprise du chemin aurait péri long-temps avant, et plus d'une fois avant, qu'elle ait pu donner la vie à des industries, inconnues au moment de son établissement.

N'est-il pas temps d'ailleurs d'acclimater l'industrie des chemins de fer, en France, par des chemins, offrant en perspective des chances assurées de succès, lorsqu'il n'y a encore eu, pour la plupart, que des épreuves malheureuses?

Serait-ce encourager l'industrie, aider à la prospérité nationale, que de choisir le tracé le moins productif, là où l'on a la faculté de le placer au centre des produits, et des populations productives?

Ne devrait-on pas craindre une réaction fâcheuse contre l'esprit d'association, et l'activité industrielle, qui se développent en France, si l'on était conduit à déserter, pour la première grande ligne, toutes les chances favorables que la nature et le commerce semblent avoir prodiguées, avec prédilection, dans une des contrées les plus riches du royaume?

Nous devons espérer qu'il n'en sera pas ainsi, dans l'intérêt du public, comme dans celui de la Compagnie ; que le Gouvernement et les Chambres sauront gré à la Compagnie de ses efforts et de sa persévérance. La Compagnie est en possession du capital nécessaire pour exécuter son entreprise ; par le cahier des charges qu'elle a adressé à l'autorité, elle se soumet à toutes les conditions que le Gouvernement peut exiger dans l'intérêt public : elle prend l'engagement d'exécuter, simultanément, tous les travaux, sur toute la ligne de Paris au Havre, et de les achever dans un délai de huit années, avec la certitude de les avoir terminés beaucoup plus tôt. Elle souscrit à un tarif égal, au moins, à celui du chemin de Bâle à Strasbourg, si l'on considère l'excédant des dépenses que nécessiteront, dans la construction et la locomotion, les difficultés du tracé, l'importance des travaux d'art, et l'élévation des pentes, dans plusieurs parties du parcours.

En présence de pareils moyens d'exécution, et lorsque déjà deux années se sont écoulées, en pure perte, pour l'intérêt du pays ; lorsque toutes les populations se préoccupent, et s'agitent, à l'occasion des chemins de fer, ce serait, sans doute, un malheur pour le pays, que la session actuelle ne fît aboutir aucun projet, et nous attendons avec confiance les déterminations du pouvoir, réunies à la bienveillante intercession des Chambres législatives.

POLONCEAU, BÉLANGER,

Ingénieurs de la Compagnie.

PLÉ,

Conseil judiciaire de la Compagnie.

Imprimerie de MOREAU et BRUNEAU, rue Montmartre, 39.

www.ingramcontent.com/pod-product-compliance
Ingram Content Group UK Ltd.
Pitfield, Milton Keynes, MK11 3LW, UK
UKHW032039260826
14628UKWH00007B/3069

9 782013 627733